Entre l'Adour et l'Atlantique
Anglet

Pierre Lafargue

Entre l'Adour et l'Atlantique
Anglet

Aubéron

Marges

Glissons-nous, à pas feutrés, en ce pays de marge océanique, de sables constellés de fleurs, de sous-bois balsamiques au seuil même des maisons, de dessins de plage sculptés à chaque marée que le reflux efface. Glissons-nous-y à la suite de Pierre Lafargue et du beau viatique, chaud de couleurs, de formes et de promesses de fragrance qu'il offre au promeneur, à qui sait observer, musarder, méditer, jouir de ce précieux espace entre Adour et Atlantique.

Regard multiple. Celui de l'observateur habitué des lieux depuis son enfance baladeuse, sachant nommer plantes, oiseaux et poissons, en préciser leur nom « patois », dessiner le mouvement de la pêche au lancer face aux vagues, préciser l'ancien aspect des lieux qu'il nous fait parcourir. Celui de l'artiste séduit par le chatoiement de la rouille sur des fûts de canons devenus attaches de cordages amarrés, dessinant pour nous les lignes élégantes d'un chemin de pierre juché sur une digue serpentiforme, ou encore les silhouettes donquichottesques de grues transmutées en mantes religieuses aux muscles de fer.

Car, en ce monde de mouvements aquatiques, de flux et de reflux, de progressions arénacées, rien n'est fixe à l'échelle du temps. Gabarres et couralins ont cédé la place aux cargos et aux grands tas de soufre jaune extrait du gaz de Lacq. Sans doute la fantaisie des navigations lentes d'antan engendre-t-elle quelque nostalgie chez les voiliers citadins emprisonnés dans la géométrie d'un port de plaisance trop sage ? Mais ainsi va la vie des hommes.

Monde de marges terriennes. Monde de sempiternels passages aussi dont la Tour des Signaux fixe l'effigie. Le chatoiement de l'habit de la huppe en est sûrement la trace la plus belle pour l'homme de crayons et de pinceaux si habile, en quelques taches, à donner vie à des personnages. Monde de formes, d'insolites architectures :

maison mauresque, blockhaus tagué luttant contre les sables, blockhaus du mur de l'Atlantique servant d'assise à une maison, chapelle juchée tout en haut de la falaise dont les vitraux offrent au promeneur-artiste un merveilleux sujet.

Qu'on ne se méprenne pas. Ce petit livre, ce recueil de moments, de scènes et de couleurs rares, est aussi un texte intimiste dit avec des tonalités pudiques. Il révélera à ceux qui connaissent Pierre Lafargue, artiste dans un autre registre, l'homme, le marcheur, le quêteur de moments rares, de scènes des prémices du jour, d'affûts sublimés, l'observateur de la secrète alchimie des couleurs des marges de la nuit au seuil de l'océan.

Ce livre donne envie de dépasser le guide, de le laisser croquer une scène ou observer la progression verticale d'un « esquirol » facétieux rêvant de noisettes en un pays devenu d'amandes par la volonté des hommes.

Imaginons donc le pays de Pierre Lafargue aux premiers temps. Les glaciers des montagnes n'avaient pas encore fondu que la grande forêt avait repris ses droits jusqu'aux marges presque océaniques. Le littoral était situé quelques mètres au-dessous du niveau actuel car la glace des cimes tenait l'eau provisoirement prisonnière. Ces lieux étaient une immense étendue d'eaux au cours changeant, de marécages, de tourbières et de lisières de bouleaux, une sorte de taïga maritime. Des lieux que l'homme à venir dirait insalubres. Petit à petit, au fil des millénaires et de l'amélioration climatique, les choses se fixèrent un peu. Au fil des tâtonnements du grand fleuve Adour, un rivage finit par se dessiner et du sable se déposer en une limite mouvante. Et en arrière, comme calés, des petits lacs vestigiaux d'une autre époque. En ce pays de sables arrivèrent des végétaux que nous pouvons encore admirer de nos jours : oyats fixateurs de dunes, lis mathiole plantureux, immortelles et ce liseron nommé curieusement en français : choux marin. Il y eut aussi des espèces qui s'individualisèrent sur place telle la linaire à feuilles de thym que l'on ne rencontre au monde qu'entre Charente et Bidassoa. Bien plus tard, lorsque les bateaux s'arrêtèrent en bordure des nouveaux quais, il y eut même des graminées américaines qui pénétrèrent en Europe en ces lieux. On peut toujours les y observer ainsi qu'à l'intérieur du pays où elles se sont implantées. L'observateur curieux de tout décryptera à loisir toutes les astuces végétales pour retenir l'eau ou aller la chercher au plus profond des sables. Il pourra aussi se souvenir du temps où, de l'Adour au phare de Biarritz, on pouvait errer librement et égoïstement sur un océan de sable.

Le promeneur tourne volontiers le dos à la terre, à la forêt de pins dont on devine peu l'étendue tant la géographie d'Anglet semble complexe et déconcertante pour qui n'y est pas né. Jeter un œil sur une carte c'est noter le nombre impressionnant de rues portant des noms d'oiseaux, la prépondérance des allées sur les rues. C'est dire qu'ici l'espace ne manque pas, un espace ponctué de toponymies basque, gasconne ou française. Espace de coexistence de langues pacifiques augmenté, à la saison touristique, de langues européennes autres, asiatiques, amérindiennes. Le promeneur tourne le dos à la terre et chemine sur la grève, comme aux premiers temps. Comme l'auteur, il pourra observer le grès jaune de la falaise ou les suintements gluants d'hépatiques vert sombre.

Habitants de ce pays, nous pouvons, le livre de Pierre Lafargue en poche, explorer cet univers des marges océaniques avant que la multitude n'y pénètre, et crayonner le livre d'esquisses oubliées ou de couleurs subtiles. Je suis sûr que l'enseignant des choses de l'art en sera ravi.

Visiteur estival transhumant, ce livre nous fournira quelques éclairages sur un milieu complexe. Hivernant peu pressé, il nous met sur le sentier d'autres quêtes.

Merci à l'auteur de nous avoir conviés, de si belle manière, au cœur de son pays.

Claude Dendaletche

Ces zones ont conservé leurs spécificités mais encore la géographie, la flore et la faune qui les caractérisent :
- Végétation côtière et dunaire.
- Haltes de repos des passereaux dans les pins, les lacs et étangs à végétation d'eau comparables à une moindre échelle à celles du marais d'Orx à vingt kilomètres à peine.

GÉOLOGIE CÔTIÈRE D'ANGLET

Situation
Extrémité sud de la côte landaise avant les premiers contreforts des Pyrénées. Prise entre l'estuaire de l'Adour (remis à sa place d'origine par Louis de Foix après les errements du fleuve vers Capbreton puis Vieux-Boucau) et l'océan au fond du golfe de Gascogne, Anglet, ville fluviale, ville maritime, possède 3,5 km de côte et 4,5 km de berges de l'Adour.

Géologie
Trois faciès sédimentaires :
- Une bande sableuse due aux apports de quartz auxquels s'ajoutent des proportions importantes d'autres éléments en relation avec la nature des roches lorsqu'elles affleurent : M
- Des sables marins et des dunes qui forment la plaine côtière alluviale des Landes au sud du dernier méandre de l'Adour : M-D
- Des marnes gréseuses du Stampien (Oligocène tertiaire) formant les falaises de la « Chambre d'amour » : g2

Deux terrasses alluviales :
- Les alluvions anciennes d'épaisseur importante de 40 à 50 mètres : matériaux défritiques siliceux, galets, cailloutis, graviers et sables superposés sans ordre, horizontalement, adossés à des pentes d'ophite. Comblement de vallées anciennes : Fx
- Les alluvions récentes : barthes, plaines basses en partie inondées faites de cailloutis et de limons, sillonnées de ruisselets et de petits canaux de drainage en réseau très dense : Fz

Nous rencontrerons donc dans cet espace : barthes, petits lacs, dunes littorales plus ou moins fixées par les pins, végétation spécifique dunaire jusqu'à la « Chambre d'amour » et falaises jusqu'à la pointe Saint-Martin.

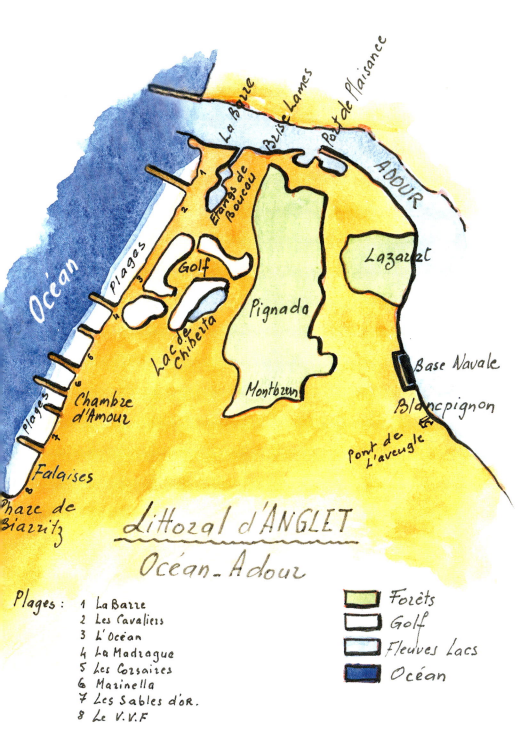

Une promenade qui part de Blancpignon, à la frontière de Bayonne (au fond). Premier plan sur deux bateaux abandonnés. Heureux décor que cette coque taguée sur la berge en pente douce de l'ancien port.

Parfois, à marée exceptionnellement basse, surgissent de fantomatiques carcasses de bateaux. Ici une poupe avec l'axe du gouvernail.

La même carcasse deux ans après et comme elle réapparaît parfois aujourd'hui.

Blancpignon aux oiseaux. Les mouettes et les goélands et bien sûr les cormorans gardiens de l'estuaire et parfois prédateurs dangereux blessant à mort des poissons trop gros pour eux ; multitude de pieds-rouges ou tournepierres en quête de petits mollusques et coquillages.

Encore sur le site du port de Blancpignon (transféré aux « Allées marines » à Bayonne), bateaux qui terminent leur vie au sec, désarmés ; leurs âmes sont restées en mer mais leurs carcasses abandonnées marquent le lieu d'où ils partaient pour la louvine dans l'estuaire, ou pour une marée de pêche au large de Capbreton.

Contrairement à celui des autres oiseaux de mer, le plumage des cormorans n'est pas imperméable. Après la pêche, séance de séchage au vent et au soleil.

Goéland et cormoran ne font pas bon ménage sur la bouée, ils s'ignorent.

La mouette rieuse attend le moment de plonger, observant l'eau qui cache dans ses rides des petites proies.

Le triomphe des mimosas. Les layons embaumés de senteurs printanières se glissent sous les ramures ployées jusqu'au sol par le poids des bouquets. Ilots soufrés perdus entre les pins... c'est février au Lazaret.

Et encore un sentier de lumière entre pins toujours verts et ciel encore pâle de février qui cette année bouscule le vieil hiver.

Les hôtes du Lazaret, grands rongeurs de jeunes pignes et de pignons : pas de noisetiers dans les sous-bois de pins. Esquirol s'abritant de la pluie sous sa queue.

Une trouée dans les pins. On surplombe l'Adour. Bayonne et la cathédrale se trouvent semble-t-il sur la rive droite, jeu trompeur du méandre du fleuve.

Le petit bois surplombe le port du soufre. La matière élaborée sur le site pétrolier de Lacq est acheminée par wagons spéciaux vers le port où elle est stockée avant de remplir les cargos sur le côté Anglet de l'estuaire, quelques centaines de mètres après la petite base de la « Royale ».

Comme d'énormes mantes religieuses métalliques, les grues du Boucau plongent leurs pinces dans le ventre des navires pour en extraire ferraille, engrais et produits chimiques. Elles font partie du paysage des rives de l'Adour…

Les acieries de l'Adour aussi participent au paysage industriel de cette partie du littoral générant un va-et-vient de cargos colorés qui anime cette voie de communication un peu délaissée il y a quelques années.

La plaisance a effacé presque totalement jusqu'à la trace des couralins et autres barques de pêche. Les beaux voiliers actuels se balancent d'ennui entre pontons et passerelles. Ils ne sortent que l'été et pas très souvent. Quelques-uns sont habités pour les vacances mais ne se risquent pas à régater le long des côtes landaises ou espagnoles.

Couples de colverts au port de plaisance. En balade sur la digue herbeuse qui sépare l'Adour du port et de ses pontons, ils ont oublié leurs instincts migrateurs et ne nous quittent plus, on les dits « amiés ».

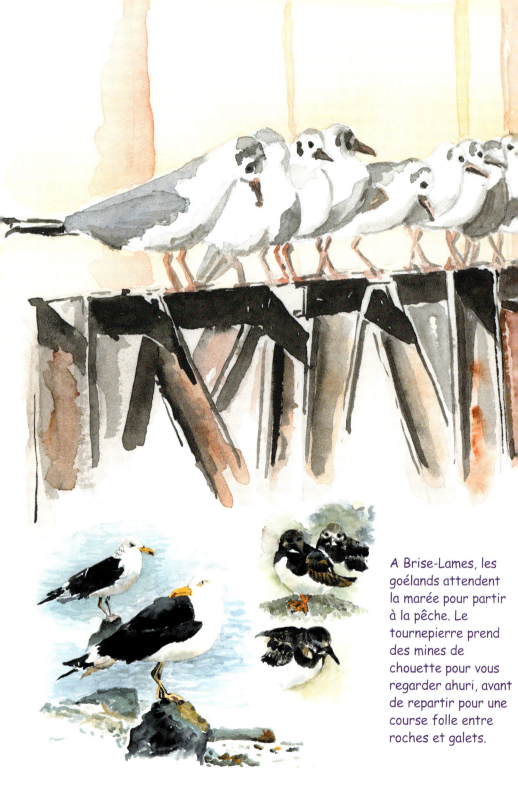

A Brise-Lames, les goélands attendent la marée pour partir à la pêche. Le tournepierre prend des mines de chouette pour vous regarder ahuri, avant de repartir pour une course folle entre roches et galets.

Les mouettes rieuses investissent les passerelles du port, petite pause avant de remonter dans l'azur pour un ballet aérien et fondre ensuite sur les poissons cachés sous l'argent de l'Adour.

Chemin de pierre sur la rive de l'estuaire à Brise-Lames. Le wagonnet qui transportait les blocs pour l'entretien de la digue est oublié, comme les rails qui le portaient... quelques traces subsistent. Belle promenade à pied à marée basse.

Les canons de l'Empire font une deuxième carrière, pacifique celle-là, puisque fichés en terre ils retiennent chaînes et amarres qu'on veut bien leur passer par le cou.

Un vieil anneau d'amarrage pour des bateaux qui ne viendront plus.

Aigrette

Une aigrette immaculée, sans doute venue d'Orx ou de Lahonce, fut ma première rencontre sur ce chemin de pierre. Je la retrouvais pendant plusieurs semaines, sans pouvoir l'approcher. Je la croquai donc sur le volant de la voiture.

Quelques-uns de nos beaux visiteurs du printemps.

Autour du grand étang du Boucau. Il faut souligner que toute la surface de l'ancien hippodrome est redevenue sauvage. La nature a repris ses droits et la configuration de l'endroit est très proche de celle du vieil Anglet du XIXe siècle.

Colvert venant du port...

Les étangs du Boucau communiquaient par un court canal avec le fleuve. Cette « pelle » empêchait la marée de monter trop haut dans les petits lacs. Pelle de bois pour unir ou séparer le fleuve de l'eau des étangs, tempérant quand il le fallait les humeurs des marées. Elle a fait son temps. Le canal a été obturé isolant maintenant les étangs.

Chaîne de mares devant le second étang du Boucau (hippodrome). Au petit matin le timide soleil réveille doucement les blanches eaux dormantes bordées d'une fine dentelle de glace.

Toujours dans l'enceinte de l'hippodrome disparu, un parc naturel est en train de naître. Mais caché par la végétation et le sable, un vestige de la dernière guerre est là… modifié dans sa décoration par les tags de la fin du siècle dernier.

Quelques fleurs parmi
les plus belles de l'hippodrome :
- Orchidée des sables :
1 seul massif de 30 sujets pendant
8 jours, rare et protégé.
- La gesse des marais :
une dizaine de sujets cette année
pendant 5 jours, rare.
- L'hélianthème :
une vingtaine de sujets : assez rare.
- Le liseron des sables :
nombreux sujets disséminés.
- Pavot cornu et genêt :
très nombreux pendant des mois.

Un « clot » à l'hippodrome (un trou d'eau). Le petit tamaris avait mis sa livrée rose pour accueillir le dernier blanc soleil de l'hiver. L'œil bleu de l'eau prisonnière me fit signe que le printemps n'était pas loin parce que février s'en allait.

Couddics
(Bergeronnette des Ruisseaux)

Coudeyte
(Bergeronnette grise)

Coutiouzliou
(Alouette lulu)

Alouette des Champs

Chirichole
(Serin)

Passereaux venant se reposer entre l'hippodrome et le golf. Ils étaient chassés il y a encore une quinzaine d'années. A l'heure actuelle, seules les alouettes se font prendre aux filets des « pantes » et « pantières » landaises et basques du littoral.

Les autres espèces sont protégées. Plus de poste de chasse à Anglet. Le chardonneret et les bergeronnettes restent l'été chez nous, mais pas l'alouette lulu qui a les plus beaux yeux du monde (des oiseaux) et qui appelle « coutiourliou… coutiourliou… coutiourliou… »

Cit
(Pipit des Prés)

Linotte

Bazdoun
(Verdier)

Pintsen
(Pinson des Ardennes)

Bleu du ciel, bleu des eaux, blond du sable, frontières de brandes, côte encore sauvage à qui le golf arrache un mince ruban vert.

Les barrières de brandes n'arrêtent pas le sable. Bien trop fin, il s'amuse et s'infiltre pour finir par cacher le vert velours du golf sous un aussi doux tapis d'ocre.

Un blockhaus, vestige du mur de l'Atlantique dressé par les Allemands pendant la dernière guerre a été reconverti en sous-sol et cave de villa derrière la plage des Cavaliers. La nature, aux alentours, reprend ses droits jusqu'au golf proche. Beau yucca entre les contreforts, roses tamaris de février et verts pins maritimes torturés par le vent de mer.

Arbres secs en lisière du bois de Chiberta.

Jeunes pins tout près du golf et de la villa « Mauresque ».

Autres couleurs au crépuscule : fête des verts devenus gris et des jaunes virant au brun, grisaille du ciel et noir des enrochements en épis, et toujours un peu de l'argent de l'écume, et les traces que la marée de la nuit effacera pour nous redonner demain des azurs et des ors.

« Chiberta »... Le lac. Il faut en faire le tour et saisir dans le matin blanc quelques clichés fugaces et sauvages. Et le matin devient rose, roses aussi les eaux et rose le ciel d'avril.

Plus de baignade au lac de Chiberta constellé des balles de golf flottantes du practice dont il est le réceptacle. Nullement effrayé, le couple de colverts poursuit sa paisible traversée dans les eaux rosées du matin... Cachée derrière les roseaux, la barque verte du ramasseur de balles.

Coulac (Alose)

Louvine
(Koubine. Loup. Baz.)

Vieille

Saumon

Muge (Mulet)

Le coulac (alose) et le saumon de l'Adour ont belle place dans la gastronomie locale. Les autres poissons non moins succulents sont aussi pêchés « à la côte » depuis le sable ou du bord de l'estuaire du fleuve avec des cannes de 5 à 6 mètres.

Daurade

Plie

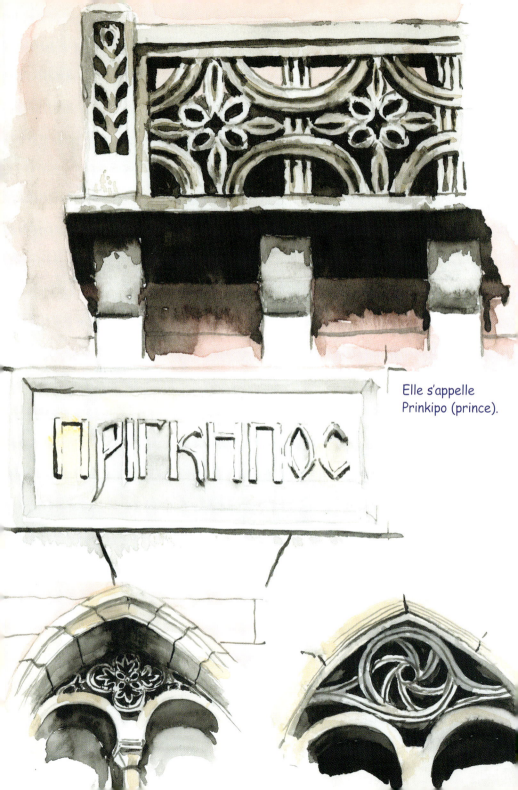
Elle s'appelle Prinkipo (prince).

A l'orée du pignada, à quelques centaines de mètres de l'océan. On l'appelle la villa mauresque, mais elle est grecque. Étonnante et baroque architecture des années 30, encadrements ouvragés, balcons ajourés, tympans de dentelle, chapiteaux lanternons sur fond de rose et de gris. Pensez que ces admirables sculptures sont en réalité des moulages !!! mais des chefs-d'œuvre de moulage en ciment et surtout chefs-d'œuvre de modelage. L'illusion est parfaite. Parvis de l'entrée en terre cuite, assemblage remarquable de matériaux. Quelle audace... Baroque...

Une des dernières petites dunes, très proches de la mer, derrière la plage de Marinella. Ce lieu d'une superficie assez réduite possède une flore dunaire exceptionnelle.

A Marinella : œillet des dunes, œillet des pins, il devient rare. On ne le cueille plus et pour le voir seulement, il fallait le chercher. Mais 2000 fut une année exceptionnellement riche. Les immortelles des dunes font des vagues sur le sable, les cueillir en juin pour en tresser les croix de Saint-Jean afin que la tradition sur nos portes d'entrée ne s'éteigne pas.

En juin les pierres disparaissent sous les hortensias bleus et roses, les monbretias, buddleias, houx. C'est Fontaine Laborde à 200 mètres de la plage de Marinella avec son fond sableux tapissé de cresson. Débauche de couleurs de juin et juillet « exotiques » en ce lieu de bugades d'antan.

Aux Sables d'or.
Encore du bleu, tout est bleu, le sable aussi prend des teintes bleutées.
Seules les vagues légères glissent en blanches écumes.

L'orange soleil du soir plonge ses derniers rayons dans l'abîme océan et pare ciel et eau de mauves et de verts.

L'ancre d'un cargo échoué dans les années 1920 et repêchée soixante ans plus tard.

rottes dans les
laises depuis le pied
phare. La dernière
st celle de la légende.

La Chambre d'amour à l'eau toujours d'un bleu nouveau au
pied des falaises d'ocre déchiquetées. La mer trop calme
aujourd'hui n'est pas propice aux plaisirs de la glisse.

Du haut de la falaise de la Chambre d'amour. Le cap Saint-Martin plonge dans l'océan, tenant sur son échine une blanche bougie d'hiver.

2- « Miroir de la sainteté »

3- « Citadelle de pureté »

Si la modeste chapelle du Nid Basque juchée en haut de la falaise de la grotte se cache, elle recèle pourtant cinq vitraux d'un symbolisme puissant et épuré inspirés des litanies de la Vierge. Dessins de Jean Lesquibe, taille de Charles Carrère dans les années d'après guerre. Lesquibe, un précurseur du vitrail en dalle de verre...

1- Le couronnement de la Vierge
« Reine élevée au ciel »

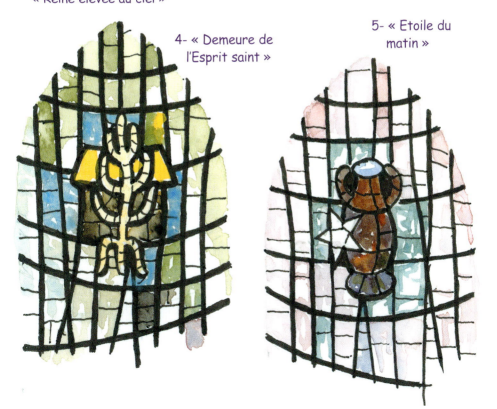

4- « Demeure de l'Esprit saint »

5- « Etoile du matin »

Falaise à la Chambre d'Amour

Fin mai tout fleurit dans la falaise, il faut savoir s'y arrêter et découvrir une à une la multitude de fleurs accrochées à la paroi.

Falaise de la chambre d'Amour

Et s'éteignent les couleurs
avec la fin de cette promenade
qui nous a fait musarder
du pont de l'Aveugle (à la frontière de Bayonne)
jusqu'au pied du cap Saint-Martin
où se dresse le phare de Biarritz.

Publication réalisée avec le soutien de la Ville d'Anglet

Réalisation : Walid Salem

© Éditions Aubéron, 2001
2-84498-022-8

Achevé d'imprimer
par Graphic Impression à Gradignan
le 30 juin 2001

Dépôt légal en juin 2001